# 허영만의 주식투자 36계

알면 대박 모르면 쪽박

# 허영만의 주식투자 36계

공부 안 하고 달려들면 100전 100패

글·그림 **허영만**

가디언

| 일러두기 |

이 책은 《허영만의 3천만원》(전4권)에서 주식투자 입문자가 꼭 알아야 할 주식투자 전략과 격언만 추려 재편집했습니다.

# 부자로 살고 싶으면
# 지금 바로 행동하라

인간은 태어나면서부터 고민을 안고 있다.
원시시대는 짐승 한 마리가 아쉬웠을 테고.

농경시대에 접어들면서는 밭 한 뙈기가 아쉬웠을 테고.

요즘도 아쉬운 것이 한두 가지가 아닐 것이다.

게다가 지금의 20대 30대 청춘남녀들이
노년층이 되었을 때는 100세 넘긴 노인들을
심심찮게 만나게 될 것이다.

2014년 세계보건기구가 발표한
한국인의 기대수명은 81세다.

조선일보 2017.07.05

노인 빈곤율 47.7%
OECD 국가 평균 노인 빈곤율(12.1%)의 4배쯤이다.
한국의 노인 빈곤율이 높은 이유는 국민연금,
기초연금 등을 시행한 역사가 짧고 한국인의
자산 분포가 소득보다 부동산 등에 몰려 있기 때문이다.

현실은 50대에서 끝난다.

50살에 은퇴해서 100살까지 사는 방법 중
꼭 필요하다면서 내놓는 대책이란
아주 가늘게 사는 것이다.

결국 최고의 노후대책은 노후생활비를
마련하는 것이지만 그게 쉬운가.

돈 걱정에 시달리면서 보내기에는 인생이 너무 길다.

젊어서 고생은 사서 한다는 말이 있다.
그 고생도 종류가 두 가지다.

첫째는 무전여행이나 배낭여행처럼
스스로 하는 고생인데, 끝이 있다.
인생의 자산이 된다.

둘째는 가난처럼 불가피한 고생이다.
끝이 안 보일 수도 있다.
이 고통은 인생살이에 도움이 되지 않는다.
빨리 지우고 싶은 현실이다.

지게를 지고 광산에서 아르바이트하고
돈이 없어서 어머니의 집까지 팔았던 나는
현재 1,500억원 이상의 자산가가 되었다.

– 주식농부 박영옥 –

여러분이 지금 생각해야 할 것은
"10년 후에 나는 어떻게 될 것인가"이다.

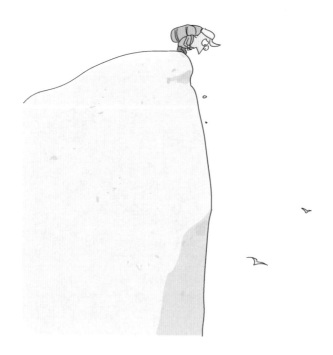

필자도 1966년 만화를 그리려고 상경해서
6개월 문하생활 중 몸담고 있던 화실이 문을 닫았다.
비 오는 여름날 응봉산 위에서 처참한 심정으로
뚝섬과 한강을 내려다본 적이 있다.
19살 때의 일이다.

부자가 되고 싶어 하는 대다수의 사람들 중
요행수를 바라면서 불평으로 인생을 허비하는
사람들이 있는가 하면 의지를 가지고 방법을 찾고
행동으로 옮기는 사람들도 있다.
행동하지 않는 욕망은 허무하다.
건강한 몸을 원하면 보약을 먹고 운동을 한다.
부자가 되려면 부자가 되기 위한 노력을 해야 한다.
돈 걱정에서 벗어나 돈으로부터 자유로워져야 한다.
그 방법 중 하나가 올바른 주식투자이다.

《돈, 일하게 하라》, 주식농부 박영옥 지음, 프레너미, 2015년

뒷짐지고 어물거리다가는
시간 금새 지난다.
지금 바로 행동하라.

| 차례 |

# 1

# 주식 격언을 모르고
# 주식투자를 하지 말라

주식투자에 이런 말이 있다.
"주식 격언을 모르고 주식투자를 하지 말라."

주식투자에 대한 격언은 주식시장이 생기기 전부터
중세 유럽에서 물건을 사고팔면서 생긴 경험담을
모은 것과 주식시장이 생긴 후의 경험담을 모은 것이다.
많은 투자가들이 성공과 실패를 거듭하면서 나온
시세의 속성, 투자 요령 등을 말하는 것이다.

먼저 경험한 자들의 경험담을 듣고
좋은 것은 내 것으로 만들고
나쁜 것은 따라하지 않으면 된다.

인간이 태어나서 철이 들고 주식시장을 경험할 수
있는 시간은 고작해야 50년 안팎이다.
마지막 즈음에 이런 부류가 있을 것이다.

함정을 피하고 꽃길을 택하는 것은
현명한 자의 길이다.

# 2

# 주식투자에 기적은 없다

로또복권의 당첨 확률은 $\dfrac{1}{8,140,000}$ 이다.

벼락을 맞은 사람이 요행히 살아나서
다시 벼락에 맞을 확률과 맞먹는다고 한다.

아주 희박한 확률에 걸렸을 때
우리는 그것을 '기적'이라고 한다.

주식투자는 복권이 아니다.
기적도 없다.

그러나 상당수 주식투자자들은
큰 행운을 기대하면서
도박 심리로 주식시장에 뛰어든다.

주가는
기업 내용과 일치하는 기간은 짧고
기업 내용과 동떨어진 상태에서 형성된다.
기업 내용에만 치우치면
시장의 유동성을 따라가지 못한다.

지나치게 기업분석과 실적을 따지면
시장의 흐름을 따라가지 못한다.
예상이 어긋나면 신속히
투자전략을 수정하는 유연성도 떨어진다.

성공의 기회는
노력하고 기다리는 자에게
조용히 다가온다.

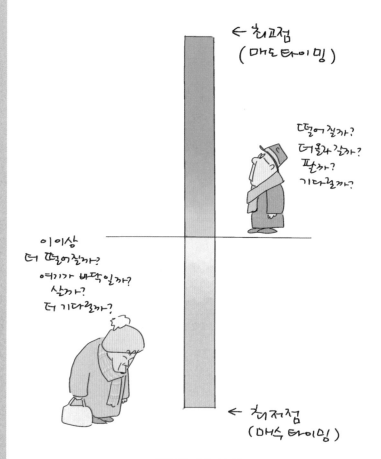

주식투자의 성패는
매수 시점과 매도 시점을
여하히 잘 잡느냐에 좌우된다.

33

이 문제는 족집게 점쟁이라도 말을 아껴야 한다.
등락은 확률이 1/2이지만 최고점과 최저점을
맞출 확률은 거의 없으니까.

살아남을 방법은 있다.
여러 가지 여건을 공부한 다음
최고점은 어렵더라도 그냥 고점에서 팔고
최저점을 알지 못하더라도 저점이다 싶으면 산다.
단 한꺼번에 매수·매도하는 것보다는 분할해서 하는 것이
리스크(risk)를 줄이는 좋은 방법이다.

우물쭈물할 시간이 없다.
순식간에 기회는 없어지고 만다.
결정하면 바로 실행하라.

# 3

# 나누어서 사고 나누어서 팔아라

그러나 성질은 노굿이었다.

주식투자도 마찬가지다.
시세에 대한 100% 확신이란
있을 수 없다.

한 나무에 올인하는 것보다

나눠서 투자해야
앞쪽은 뿌리가 뽑혀도

뒤쪽은 살아남는다.

나누어서 사고팖으로써
시황의 변화에 대비할 수 있다.

# 항상 긴장하라

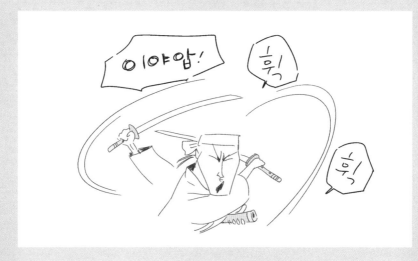

주식도 매우 위험한 게임이다.

항상 긴장하지 않으면 언제 깨질지 모른다.

주식투자는
수익을 내는 것도 중요하지만
손실을 줄여야 한다.

주식투자로
두 배, 세 배 수익이 났을 때
투자 금액을 더 이상 늘리지 말아야 한다.

초짜 투자자들이 이익을 본 뒤
큰 실수를 하는 이유는
자신감은 커지고 긴장감이 없어졌기 때문이다.

성공을 낙관하기보다
실패의 공포를 두려워하라.

# 4
# 남이 가지 않는 뒷길에 꽃동산이 있다

인기 업종의 인기 종목에
관심이 가는 것은 당연하다.

인기주는 거래도 활발하고
주가의 기복도 심하니까
쉽게 차익을 얻을 수 있을 것 같아서
투자자들이 몰린다.

하지만 인기주는 이미 가격이 올랐고
거래 시 자금이 많이 필요한 데다
기대만큼의 수익을 내기가 쉽지 않다.

비인기주에 눈을 돌리면
그중에서 재무구조가 건실하고
성장성이 높은 종목이 있게 마련이다.

숨어 있는 주식이 인기주보다
훨씬 큰 수익을 낸다.
남들이 간다고 따라갈 일이 아니다.
먼지 안 나는 꽃길을 찾아라.
붐비지 않고 나비도 만나고
노래하는 새들도 만날 수 있다.

## 내부자 정보 100% 믿지 마라

내부자 정보는 와전되거나
취소되거나 변경될 수 있다.
100% 믿지 마라.

*중요한 팁 : 내부자 거래는 불법이다. 잡혀간다.

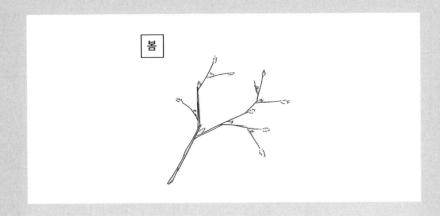

하락 추세 때 끝이 보일 때까지는
매수를 자제하라.
눈이 녹아서
진짜 바닥을 드러낼 때까지 기다려라.

## 눈으로 강세를 보고 귀로 약세를 들어라

시장이 상승 추세면 눈으로 확인하고

하락 추세면
증시 주변 여건에 대해 귀로 듣고 대비하자.

대중의 투자 방향과 다소 다를지라도
시장 흐름에 맞서는 용기가 필요하다.

# 6

# 뉴스를 과신 말고 기사는 진실을 읽어라

신문을 여러 개 보면

신문마다 기사 사이즈가 다르고,
내용도 다르고, 어떤 신문은 이 기사를 다뤘는데
다른 신문은 취급하지도 않은 경우가 있다.

방송도 보도의 내용과 경중의 정도가
다른 경우가 많다.

몇 년 전에 만화에 대해 난 기사를 봤는데
사실과 다른 부분이 있었다.

이렇듯 뉴스에는 우리가
감지할 수 없는 부분이 있다.

기사와 뉴스에서 진실을 찾아내야 한다.

## 늦었다 싶을 때 다시 한 번 돌아보자

장세가 과열되어 있을 때는
대세를 타는 주식이 큰 이익을 준다.

하지만 적당한 때를 놓치면 꼭짓점에서 사게 될 수 있다.
상투를 잡고 좋아했다가는 큰 손해를 볼 수 있다.

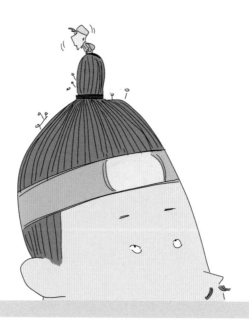

이미 늦었다 싶을 때 얼른 손절을 하고
주위를 살펴보라.

분명히 실적에 비해 주가가 낮은
주식이 있게 마련이다.

과열 장세에서 오를 대로 오른 주식보다
앞으로 뛰어오를 주식을 찾는 것이 훨씬 알차다.

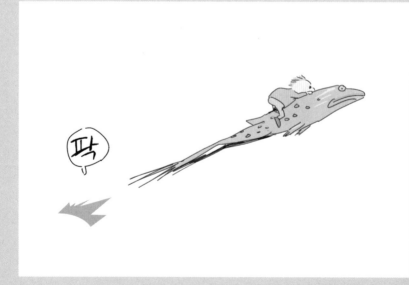

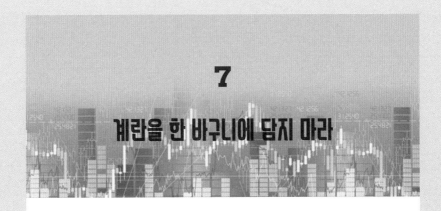

# 7
# 계란을 한 바구니에 담지 마라

유명한 주식투자 격언이다.
주식은 여러 종류의 계란으로 비유된다.

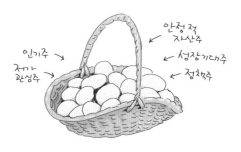

움직임이나 패턴이 제각각이다.
주가가 같을 수가 없다.

한두 종목에 집중해서 적중했을 때는 대박이다.

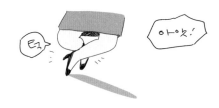

적중하지 않았을 때는 파산이다.

전부 얻으려다 전부 잃는다.

그래서 나눠서 분산시켜야 한다.

선택한 계란이 전부 다 좋을 수는 없다.
썩은 것도 있고 싱싱한 것도 있다.

계란 여러 개 중 썩은 것이 몇 개 있어도
싱싱한 계란이 있으니까 큰 타격을 받지 않는다.

한 번에 팔자 고칠 생각하면 안 된다.
얘기했듯 인생은 피니시 라인이 없는 마라톤이다.

큰 것 노리다가 쪽박 차느니 몇 번에 나눠
조금씩 수익을 내다 보면 얼마 지나지 않아
뿌듯할 만큼의 수익이 나 있을 것이다.
몰빵 투자보다 분산투자가 답이다.

자문위원 김태석 씨는 이런 말을 한 적이 있다.

## 대량거래 지속은 천정의 징조

로프 운동

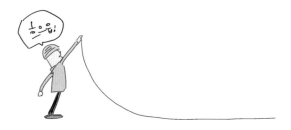

팔을 올렸다가 밑으로 확 뿌리면
로프의 여유가 둥글게 퍼져나가면서
파장이 생긴다.

지속적으로 위아래 운동을 하면
파장이 계속된다.

그러나 운동을 멈추면
맨 앞의 파장부터 소멸한다.

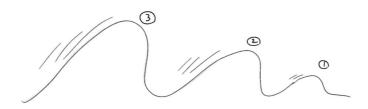

뒤따라가던 파장이 어리둥절하지만
이미 게임 아웃이다.

맨 앞의 ①번 파장이 주식시장의
큰손이나 전문 투자가들이다.
이들은 바닥권이나 시세의 초기 단계에
주식을 매수해서 시장을 키워놨다가
그걸 보고 몰려드는 ②번, ③번
일반 투자자들이 매입에 열중할 때
보유 주식을 사정없이 내다 판다.

전문가의 바통을 아마추어가 물려받는 시점에
종합 주가는 계속 올라 천정을 치지만
부실주가 천정부지로 오르는 동안에
먼저 오른 우량주는 시세가 끝나고
하락세로 들어간다.

# 8
# 대세는 길고 시세는 짧다

주식시장에서 장기간에 걸쳐
큰 시세가 나오는 경우
모든 종목이 함께 상승하지 않는다.

먼저 우량주 ①이 오르고
다음에 보통주 ②, 마지막에
부실 저가주 ③이 오른다.

종합주가는 계속 오르고
부실 주가가 꼭대기까지 오르는 동안
먼저 오른 우량주는 이미 시세가 끝나고
하락세로 들어간다.

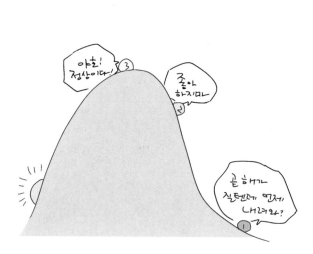

## 대중을 멀리하라

얼음낚시 계절이다.

얼음낚시는 다른 낚시보다
얼음을 잘 살펴야 한다.

특히 해빙기가 가까워지면
확인하고 또 확인해야 한다.

대중은 진리보다 착각을 사랑한다.
몰려다니므로 사물을 깊게 보지 않는다.

당신이 얕은 사고방식,
표면적인 사고방식을 가졌다면
주식시장에서 성공하기 어렵다.

재료나 정보에 얽매이면
실패하기 십상이다.

정보의 진실 여부를 판단할 수 있는
능력이 필요하다.

주식투자에서 성공하려면 대중을 멀리하라.

# 9
## 두 갈래 길을 만나거든 두 군데 모두 간다

분산투자를 하라고 귀에 딱지가 앉을 정도로 들었어도
순간 잊어버리고 몰빵을 한다.

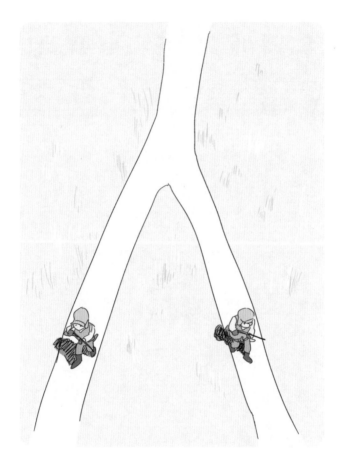

주식시장은 주도주나 인기주가
수시로 바뀌기 때문에
한쪽으로 치우치면
'모' 아니면 '도'가 될 수 있다.
위험하다.

## 서두르는 거지는 얻는 것도 적다

주식시장은 홍수지대의 물처럼
루머와 정보가 넘쳐난다.

주식투자로 성공하려면 넘쳐나는 정보,
루머를 선별할 줄 알아야 한다.

들어가고 나가는 타이밍을 놓치지 말아야 한다.

둘의 패보다 내 패가 좋았다 하더라도
이미 끝난 판이다.

빨리 잊어라. 다음 판이 있다.

루머에 휩쓸려 선봉으로 달려들어
총알받이가 되거나
뒤늦게 뛰어들어 진창에 빠지지 말자.

인생은 타이밍이 매우 중요하다.
주식투자 역시 마찬가지다.

서두르는 거지는 얻는 것도 적다고 했다.

# 10
# 도미 사러 가서 정어리 사지 마라

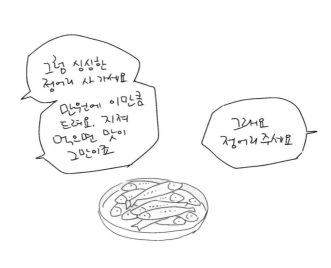

대부분의 투자자들은 나름대로
충분히 분석한 뒤 매매에 들어간다.
그러나 마음을 바꿔 종목을
바꾸는 경우가 많다.

주식시장의 루머나 정보는
신빙성이 없는 경우가 많다.
이미 시간이 많이 지난 것이어서
쉰 냄새가 나는 것들이 많다.

루머가 너무 신빙성이 높으면
작전주일 수도 있다.

종목의 장점만 들리면 경계해야 한다.

루머와 정보는 참고용이지
투자의 결정적 조건은 아니다.

# 독립적으로 사고하라

독립적으로 사고하라.
데이트레이더들이
반드시 명심해야 할 투자 격언이다.

남의 훈수를 듣고 실패하면 도움이 안 된다.

혼자 결정하고 실패하면 공부가 된다.

데이트레이딩은 특성상
많은 거래를 하기 때문에
성공과 실패를 밥 먹듯 한다.

끌려다니면 안 된다.
혼자 생각하고 혼자 결정하라.
이것은 긴 투자 인생의 완성을 위한 지름길이다.

지나간 매매 실패를 후회하는 시간이 길다면
분초를 다투는 데이트레이딩 전쟁터에서 이길 수 없다.

# 11
## 값진 보석은 땅 깊숙한 곳에 있을수록 가치가 있다

사람 눈에 띄는 주식은 먹을 것이 없다.
반드시 제값을 평가받지 못하는 주식이 있다.

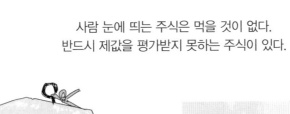

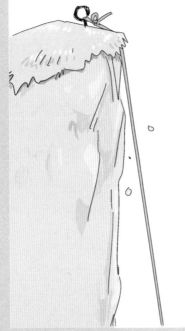

투자자들은
항상 저평가된
가치주를 찾는 것을
게을리하지 마라.

기업의 주식 가격을 평가할 때는
성장성, 수익성, 안정성
세 가지 요소를 따진다.

여기는 보석이
많으니 성장성과 수익성이
좋고 주위에 경쟁자가
없으니 안정성도 좋다.

이 세 가지를 고루
갖춘 종목은 현재 주목받지
못하더라도 시간이 지나면서
제값을 한다.

# 12

# 거래량 바닥은 주가 바닥의 징조

주가가 바닥에 떨어지기 전에
우선 거래량이 거의 없다.
팔 만큼 다 팔았고 주가가 내려갔으나
찜찜해서 덥석 사지도 못한다.
하향곡선이 완만해지면서 등락이 없다.

이때는 증시가 불투명하다.
주가 바닥을 수시로 확인할 필요가 있다.

## 거래량은 실체, 주가는 그림자

그림자 먼저 생기고
나무 크는 법은 없다.

나무 먼저 크고 그림자 생긴다.
나무는 거래량, 그림자는 주가이다.

주가가 지지부진하다가 갑자기
거래량이 주욱 늘면서 주가도 뛴다.
이때가 주가 상승 신호이다.

관망하던 투자자들이 웬 떡이냐 싶어
너도나도 팔아치운다.
이때 매수하는 세력도 있다.

파는 쪽은 원인을 모르고 팔지만
사는 쪽은 원인을 알고 산다.

또 이유 없이 거래량이 늘면 경계해야 한다.
특정 세력이 개입했을 가능성도 있다.

# 13
## 주식시장은 내일도 열린다

세계 최고봉
에베레스트 8,848m

수많은 도전자들이 정상 정복을 위해
호시탐탐 노리고 있다.

어렵게 번 돈으로 입산허가를 받고
40일 이상 원정을 떠나기 때문에 모두들 각오가 대단하다.

원정 온 산악인들 모두 의지는 똑같다.

고산 등정에는 여러 가지 난관이 있다.
체력 저하, 고산병, 기상 악화, 눈사태, 설맹, 동료와의 불화 등등으로
등정을 포기하는 경우도 많다.

모든 악조건을 이기고 정상을 눈앞에 두고 있으면
있는 힘을 다해서 등정을 노릴 것이다.
마지막 난관인 힐러리 스텝을 넘으면
많은 산악인이 등정할 수 있다.

100명이면 100명 다 이런 생각을 할 것이다.

등정하고 귀국하면 세계 최고봉 에베레스트
등정자라는 딱지를 붙이고
평생 명예와 함께 살아갈 것이다.

그러나 희열도 잠시,
하산하다가 바닥난 체력 때문에
가족의 품으로 돌아가지 못하는 경우가 많다.

고산에서는 자신의 몸 하나도
버티기 힘들기 때문에
구조를 바라기 어렵다.

우리나라에서 세 번째로
히말라야 14좌를 완등한
한왕용 대장의 말이다.

주식도 마찬가지다.
확신이 든다고 해서 있는 자금 전부 집어넣고
레버리지까지 써서 베팅하다간
주위에 슬퍼지는 사람이 많이 생긴다.

사려다가 못 샀더니 그 주식이 많이 뛰었다.
물론 속상할 것이다. 그러나 그 주식 말고도
시장에 다른 주식이 얼마든지 있다.
급하게 서두르지 마라.
내일도 장이 열린다.

# 14
# 결정적인 순간을 찾아라

세상일 모두에 이 말을 갖다 붙여도
틀린 상황은 없을 것이다.
그중 주식이야말로
결정적인 순간이 매우 중요하다.

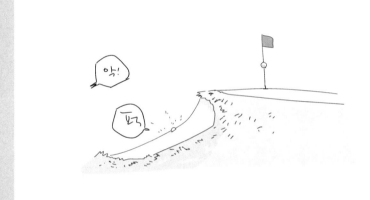

평소 칼을 갈고 있다가
때가 왔을 때 승부해야 한다.

한 번에 모든 것을 걸면 안 된다.
실패하면 모든 것을 잃게 된다.

나누어서 투자하되
확신이 서는 곳에 베팅하라.

TV에서 중계하는 골프 경기를 자주 본 나머지
자신의 실력을 과대평가할 수 있다.
그러나 당신의 핸디캡은 얼마인가?
프로는 0이다.
당신은 150이다.

## 경계심이 강할 때 시세는 천장을 치지 않는다

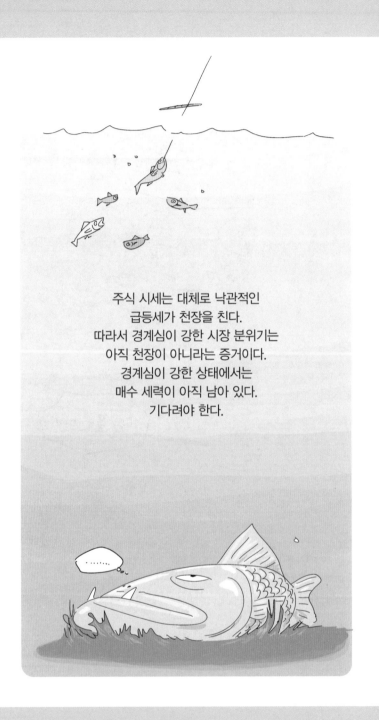

주식 시세는 대체로 낙관적인
급등세가 천장을 친다.
따라서 경계심이 강한 시장 분위기는
아직 천장이 아니라는 증거이다.
경계심이 강한 상태에서는
매수 세력이 아직 남아 있다.
기다려야 한다.

# 15
## 공격은 최대의 방어

공격은 최대의 방어라는 말은
상대를 보고 해야 하는 말이다.
눈 감고 덤비면 끝장이다.

주식의 본질은 변화와 혼란인데

공격적인 투자가 잘못됐을 때를
생각해보았는가?

신중하게 계산하다가

바로 이때다 싶을 때 과감하게 공격한다.

이렇게 됐으면 좋겠지만

공격이 실패했을 때는

신속하게 퇴각하라.

퇴각도 작전의 일종이다.

시장이 안 좋을 때는 현금을 보유하고 쉬면서
관망하는 것도 투자의 한 방법이다.
인생은 100m 단거리 달리기가 아니다.
종착점이 없는 마라톤이다.

## 공들여 바닥을 다지는 주식에 투자하라

주식투자는 욕심을 내면 안 된다.
과격해도 안 된다.
프로복서 메이웨더(Floyd Mayweather Jr.)는
전적이 화려하다.
(50전 50승 26KO)
1패도 없다.

Mayweather.
5월의 날씨.
화창한 봄날이지.

2004. WBC 슈퍼라이트급 세계 챔피언
2006. IBF 웰터급 챔피언
2007. WBC 슈퍼 웰터급 챔피언
2010. WBA 웰터급 챔피언
2015. WBC, WBA 웰터급 통합 챔피언

그러나 메이웨더의 경기는 재미가 없다.
수비형 권투다. 화끈하지 않다.
그의 경기를 좋아하지 않는 복싱팬들도 많다.

그러나 개런티는 천문학적이다.
맥그리거와 대전 때 2,254억을 받았다.

MAYWEATHER

MCGREGOR

메이웨더는 팬들이 재미없어 한다고
자신의 실력 이상으로 절대 무리하지 않는다.

자신보다 주먹이 센 선수랑 정면으로
맞붙는다면 손해 보는 쪽은 정해져 있다.
그렇게 되면 무패의 전적은 금이 가고
명성과 개런티도 뚝 떨어지고 만다.

메이웨더가 상장된 주식회사라면
반드시 여기에 투자해야 한다.
철저하게 계산된 마케팅으로
공을 들여 바닥을 다져서
지금의 메이웨더라는 회사가 된 것이니까.

주식투자를 하다 보면 당연히
손실과 수익이 따라다닌다.

손실이 나면 당황하고 화도 난다.
그나마 여유자금이 있어서
재투자하면 괜찮은데

남의 돈까지 끌어들여 투자했다가
손해를 보면 눈에 보이는 것이 없다.
한시바삐 만회할 생각밖에 없다.

10,000원짜리가 지금 5,000원으로
내려갔으니까 더 사 모으면
7,500원짜리로 싸지는 거지.
그러면 조금만 주가가 올라도
본전 찾기가 수월하다는 계산이다.
소위 물타기다!

공들여 꾸려가는 회사 주식을 사라.
공들인 주식의 성공 확률은
비교할 수 없을 정도로 높다.
눈앞의 시세만 보고
욕심을 내는 일은 삼가라.

20년 후

미스 월드는 결혼 후 지나친 사치와
계속되는 잔병치레로 남편의 재산을 모두 축내고
누워 있을 집도 없는 상태였다.

과거나 현재에 연연 말고
미래에 길게 투자하라.

## 고독이 성공을 부른다

각광받는 인기주를
거들떠보지 않고
홀로 거꾸로 행동하기는
무척 힘들다.

소유한 인기주를 팔아버리고
남들이 쳐다보지도 않는 주를 매수하는 건
용기 없는 자가 할 수 없다.

주가가 떨어질 때 따라서 매도하고,
주가가 상승할 때 따라서 매수하는 것은
혼자 남아 있는 걸 무서워하기 때문이다.

남들이 두려워할 때 과감히 매수하고
남들이 매수할 때 던져버리는 것.
이것은 용기이다.

목표치에 도달하기까지 기다리는 인내도
지독한 고독을 이겨내야 가능하다.
고독을 즐기는 자에게 대박이 온다.

## 공이 크게 보일 때 쳐라

외다리 타법으로 유명한
요미우리 자이언츠의 홈런 타자
왕정치 선수는 이렇게 말했다.

공의 실밥이 보일 정도로
노렸다가 치면
홈런을 칠수있다

그런 그도 실제로
공의 실밥을 본 적은
몇 번 없었다고 한다.

야구공은 주식 종목이다.

공의 실밥이 보인다는 것은
종목을 집중 연구했다는 것이다.
대박의 확신이 섰다는 것이다.

안개장세 때는 종목 선정이 어렵다.
시세의 연속성도 기대하기 어렵다.
무리하기보다는 현금을 보유하면서
장을 길게 내다보는 것도 방법이다.

# 17

## 긴 보합은 폭등이나 폭락의 징조

바닥권이나 상승 시세의
중간의 큰 보합에서는

상승을 위한 충분한 시장 에너지가
축적되었기 때문에

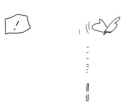

주가가 상승하기 시작하면

큰 시세가 나올 가능성이 많다.

반대로

천정권이나 하락 시세의
중간에서 생기는 긴 보합은

시세의 추진 에너지가 없어진 것이므로

주가가 하락할 때

큰 폭으로 하락한다.

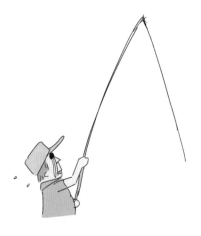

## 꽃은 키우고 잡초는 제거하라

나의 정원에는 꽃만 키우고 싶지만

항상 잡초가 끼어든다.

마찬가지로 내가 투자하는 주식도
수익이 나는 주식만 갖고 싶지만

손실이 나는 주식이 반드시 끼어 있다.

손실이 나는 주식,
즉 잡초에 미련 두지 말고
과감히 제거하라.

꽃은 키우고 잡초는 잘라버려라.
반대로 꽃을 자르고
잡초에 물을 주면
정원은 엉망이 될 것이다.

# 18

## 꿈이 있는 주식이 뛴다

투자자들이 주식을 사는 것은
미래에 대한 기대 때문이다.

비록 현재의 재무 상태나 수익성은 나빠도
장래를 내다보는 큰 꿈이 있다면
현재 좋은 상태의 주식보다 더 크게 오를 수 있다.

## 끼 있는 주식이 잘 오른다

과거 주식시장에서
크게 오른 적이 있는 주식에
투자자의 관심이 집중되는 것은 당연하다.
다음에 오를 때도 크게 오를 수 있다.

큰손들이 작전에 성공하면 그다음에도
다시 그 주식에 작전을 시도한다.

과거에 재미를 봤던 주식은
투자자들이 좋은 기억을 갖고 있기 때문에
시세가 쉽게 만들어지기도 한다.

# 19
## 참새는 매의 밥

우리나라에는 참새가 참 많았다.
시골을 가면 떼로 몰려다녔다.

어릴 적 필자도 마당에 바구니를 장치해놓고
참새를 잡으려고 했을 정도로
참새가 많았다. (실패했지만)

그렇게 많던 참새가 요즘은 부쩍 줄었다.

나 참새

급격히 변한 환경에 적응 못해서 그렇다.
초가집에서 시멘트 집으로 변해
참새가 집을 지을 수 없어서 그렇다.
농약에 오염된 곡식을 먹은 것도 이유다.

또 하나가 있다.
시골에 많이 있던 탱자나무 담이
시멘트 벽돌담으로 변하면서
천적인 매로부터 몸을 감출 수가 없었다.

주식시장의 성패는 틀린 정보에
귀 기울이지 말고 올바른 정보를
남들보다 빨리 얻는 것이다.

정보에 약한 투자자가 참새라면
정보에 빠른 투자자가 매다.

참새는 항상 매를 경계해야 한다.

우량주가 부진하고 소외주가
크게 움직일 때를 비유한 말이다.

## 주가는 회사의 내용이
## 좋은 순서대로 움직이지 않는다

실적이 좋지 않아도 인기가 있으면 움직인다.
남자들이 보기에 별 신통한 것 없는
김 상병에게 매주 다른 아가씨들이 면회를 온다.
인기가 있는 것이다.

이유인즉 김 상병의 무기는 친절이었다.
외모가 변변치 않은 만큼
친절로 아가씨들을 감동시킨 것이다.

실적 좋은 우량주가 안전한 주식이 아니다.
우량주도 갑자기 실적이 나빠질 수 있다.

주식은 매우 짧은 시간에 인기 따라 움직인다.

# 20
# 두려움을 사라

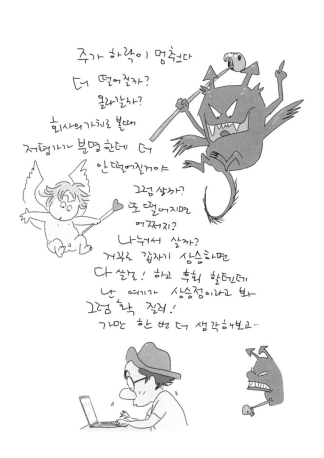

## 때가 올 때까지 기다려라

인내심을 가지고 때가 오기를
1년 이상 기다리면 손해 보는 일 절대 없다.

종목을 고르기 전에 충분히 공부하고
확신이 섰으면 매수하되
상황 변화를 놓치지 말아야 한다.

엉터리 종목 매수해놓고 세월 보내다간
빈 깡통만 만날 뿐이다.

# 21
## 떨어지는 칼날을 잡지 마라

유명한 격언이다.

주식은 주가가 올랐을 때 팔고
주가가 내렸을 때 사는 게임이다.

주가가 움직이지 않는
주식에는 관심이 없다.

평소 관심을 갖고 있던 주식이 어떤 충격을 받아서
급락하기 시작하면 매수 충동이 일어난다.

1만원짜리가
7천원으로
떨어지다니!

저 주식은
안전하고 장래성은 있는데
주가가 떨어진다는 것은
일시적 현상이야!

이번에는 또
6천원으로
떨어졌어!

이런 투자가들은 그 종목에 대해
잘 알고 있다고 생각하는 사람들이다.

주가의 상승과 하락을 수학 공식처럼
풀어낼 수 있다면 주식투자는 게임이 아니다.
예측할 수 없기 때문에 게임인 것이다.

매수 이후 주가가 계속 하락할 기미가 보이면
곧바로 손절매해야 큰 피해를 피할 수 있다.

그러나 곧바로 손절매하는 투자자는 많지 않다.

어떤 경우 주가가 계속 떨어지면
'물타기'를 하는데 이건 자살행위이다.
예상대로 떨어지기를 멈추고 상승하면
수익을 낼 수 있으나 그렇지 않으면
비참한 결과가 기다린다.

5천원짜리 물타기
100주 물타기

만원짜리
100주

원가는 7500원으로
다운
총 200주

3000원
짜리
100주
물타기

원가는
6000원
총 300주

원가는 낮아졌으나
주가는 오르지 않고
투자금 상환에 압박을
받는다면 진퇴양난이다

"조금 손해 봤을때

팔아버릴걸"
후회해 봤자
이미
늦었다.

월가의 전문가들은
이것을 '재정적 자살행위'라고 말한다.

주가는 한번 크게 떨어지면 투매 현상이 일어나서
계속 떨어질 수 있다는 걸 잊지 말자.

떨어지는 칼날을 잡으면 깊은 상처를 입는다.

## 떨어질 만큼 떨어지면 더 이상 떨어질 리 없다

씨앗이 발아되고
커지면 20배의
수익이 난다.

느긋하게
기다리는 거야.
싹이 나지 않아서
손해 본다고 해도 그깟
씨앗 값이야 뭐…

싹이 하나도
나지 않았다?
뭐, 뭐가 잘못된 거지?

개인 투자가가 바닥 시세로
주식을 잡기란 하늘의 별 따기이다.

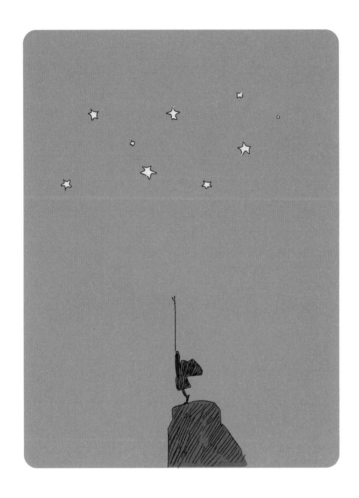

"언젠가는 회복되겠지"
라는 생각은 어리석다.

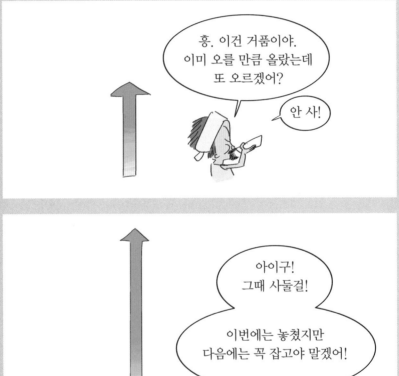

월가의 전설적인 투자자
피터 린치는 말했다.

떨어질 만큼
떨어지면 더 이상
떨어질 게 없다고?

주의하라.
하락의 골 깊이는
누구도
알지 못한다.

"이런 심리로는 절대 수익을 낼 수 없다.
가장 어리석은 주식투자에 대한
나의 첫 번째 경고가 이것이다."

# 22
## 막연한 예측은 빗나가는 화살과 같다

사슴이 지나간다.
30분 전부터 저 속도로 이동 중이니까…

빗나간 화살만큼 어설픈 예측은 금물이다.
주식시장은 상승 랠리가 계속되는데도
더 이상 오를 수 없다는 예측으로 팔아버려서
수익을 제대로 올리지 못하는 경우가 많다.

혼자만의 감각에 의존하는 것보다
증시 주변 여건을 검토하고 확인하라.

## 매는 맞기 전이 가장 두렵다

이 격언은 불확실성이 최고조인 상태에서의
불안한 투자심리를 말한다.

맞을 때 고통은 느낄망정
매에 대한 두려움은 약해진다.

# 23

# 손절 종목의 변화도 놓치지 말라

손해 본 주식이라도 그 움직임을 관찰하면
많은 교훈을 얻을 수 있다.

이 같은 교훈은 다음 투자 전략의 근거가 될 수 있다.

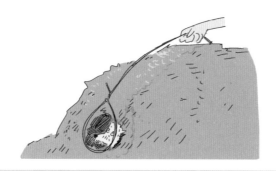

손절한 종목이라도 주가 움직임을 보면
새로운 투자 기회를 만나고 수익을 얻을 수 있다.

손해를 본 종목의 투자 타이밍을 조절해서
수익을 만들어낸다면 얼마나 멋진 일인가.

## 매매 기준은 대세 흐름을 봐야 한다

상승세의 시작이라고 판단되면
주가가 아무리 많이 올라도 따라 사라.

천정을 치고 하락하는 주가는
아무리 싸도 매입해서는 안 된다.

주가의 수준보다는 주가의 흐름과
시장의 대세를 보고 투자하라.

## 매매 일기장을 써라

데이트레이더에게 필요한 격언이다.

복기(復碁)는 지난 바둑판을 다시 두어보는 것.

복골(復Gol)은 잘못된 골프 샷을 정정하는 것.

우리 같은 주식 데이트레이더들이
해야 할 것은 복주(復株).

오늘의 손실과 수익을
돌이켜보는 시간이 있어야 한다.

손실은 왜 손실이었는가?
차선책은 없었는가?

수익은 어떤 타이밍이 좋았는가?
더 높은 수익률을 만나기 위해서는?

가계부를 쓰면 생활비 관리가 용이해진다.

매매 일기장을 기록하면 깨닫고 발전한다.
손실과 수익이 보인다.

# 24

## 매수가는 잊어라

주식투자는 매도(파는 것)의 예술이다.
이것은 매도의 중요성을 가리킨다.

그러나 매도 시기를 결정하는 데
판단을 흐리게 하는 것이 매수가이다.

많은 투자자들이 종목을 매수한 뒤
매수가를 기준으로 매도 시기를
결정하게 되니까 적절한 시점을 놓쳐버린다.

매수가는 잊어라. 이미 과거지사.
현시점에서 더 오를지 더 내릴지 판단하라.

손해를 보고 있더라도 추가 하락이 예상되면
팔아야 하고, 이익을 보고 있더라도
추가 상승이 기대되면 보유하라.

## 매수는 기술, 매도는 예술

골동품, 땅, 아파트, 주식…
모두 싸게 사서 비싸게 팔기를 원한다.

실제로 투자를 해보면
사는 것보다 파는 것이 매우 어렵다.
매도가 얼마나 어려우면 예술이라고 하겠는가?

매도할 때는 매수가가 기억에 남아 있어서 어렵다.

## 매수는 천천히, 매도는 신속히

매수 : 돈만 있으면 기회는 얼마든지 있다.
　　　신중하고 느긋하게 한다.

매도 : 한번 놓치면 치명적일 수 있다.
　　　빠르고 과감하게 실행한다.

매도 결심을 하고 몇백원의 차이로
주저주저하는 것은 더 큰 손실을 부른다.
몇백원의 호가 차이로 팔리지 않아
주가가 더 하락하면 매도가 더 힘들어진다.

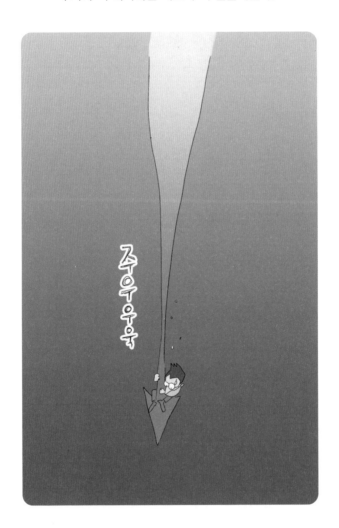

주저주저할 경우
적은 손실로 막을 것이 큰 손실로 이어진다.
이래서 주식시장을 떠나는 투자자가 너무 많다.

매수는 느긋하게 낮은 가격을 골라서 사야 하고
조급하게 따라 사는 것은 금물이다.

반대로 매도를 판단하고 결정했으면
가격고하를 막론하고 한시라도 빨리 처분하라.
미련을 두는 것은 미련하다.

썩기 시작한 생선 내장을 그대로 두면
몸뚱이도 썩는다.

# 25

## 머리와 귀를 이용하지 말고 눈을 이용하라

주식투자 시 예측이 맞아떨어졌을 때의
쾌감은 비길 데가 없다.
기쁨과 동시에 큰 수익이 돌아오기 때문이다.

그러나 예측한 대로 맞아떨어지기는 무척 어렵다.

시장에 돌아다니는 정보에 귀 기울이지 말고

주관적인 감정과 판단에 치우치지 말고

주가 흐름을 눈으로 확인한 후 거래하라.

## 머리와 손은 함께 움직여라

이성(理性)

진위, 선악을 구별하여
바르게 판단하는 능력.

감성(感性)

자극이나
자극의 변화를
느끼는 성질.

인간은 항상 어려운 결정을 할 때
이성과 감성 사이에서 방황한다.

주식투자를 할 때도 역시 이성과 감성이
상반되어 갈등을 느낀다.

주가가 계속 하락할 때의 이성적 판단.

주가가 계속 하락할 때의 감성적 판단.

이럴 때도 시계의 초침은
잔인하게 돌아가고 있다.
손해의 골짜기는 점점 깊어만 간다.

이성적으로 판단해서 결정을 내렸으면
곧바로 행동해야 한다.

위대한 사상도 행동으로
옮기지 않으면 가치가 없다.

# 26

# 모두가 좋다는 땅은 피하자

## 모두가 좋다는 종목은 피하자

그러나 그 땅은 구획정리가 이미 끝난 지
오래이고 필지마다 주인이 다 들어차 있다.

땅이 전부 팔려버려서 매매되지 않는다.
땅값이 오르기 어렵다.

만일 땅값이 오르면
팔려는 사람이 많아지기 때문에
땅값은 다시 떨어진다.

모든 사람이 좋다는 주식은
이미 거래가 끝났다고 보면 맞다.
나한테 소문이 돌 때까지 시간이 흘렀기 때문에
주식은 이미 다른 사람들이 선점한 상태다.

선점한 주식도 모두들 주가가 오르기를 기다리니까
시장에 매물이 없어 주가가 움직이지 않을 뿐 아니라
주가가 오르면 모든 사람들이 팔려고 하기 때문에
오히려 주가는 떨어지기 쉽다.

모두가 좋다는 종목 주위에 있다가는
끝물에 녹아난다.

## 모두가 비관할 때 긁어모아라

시장은 꿈틀거리지만
맥을 못 쓰는 종목이 있다.

움직이지 않는 주식을 손절매하는 경우가 많다.

이 중 싸고, 경영상태가 좋은 종목을
조금씩 매수한다.

남들의 관심 밖인 주식이
전환기에는 큰 수익을 줄 수 있다.

# 27

# 모든 정보가 주가에 반영되지는 않는다

주가는 장래에 대한 기대를 가지고 오르지만
너무 먼 장래는 가치가 희박하다.
장시간의 전망으로 주식을 사놓아도
주가는 오르지 않는다.

종목은 알려져야 주가에 반영되고
알려진 후에도 시장 분위기가 집중될 때까지
주가는 오르지 않는다.

## 목숨이 걸린 돈에 손대지 마라

어머니는 위중하시고

마누라는 가난을 한탄하고

아이들은 기를 펴지 못하고

본인은 이 난관을 헤쳐나갈 방법을
찾지 못하고 있다.

술 마시면
돈이 나와?
밥이 나와?

마지막 방법은 하나!

집을 저당 잡히고 고리로 사채를 당기고
주위의 손 닿는 이에게 최대한 돈을 끌어와서
평소에 눈여겨봤던 주식 종목에 베팅한다.

그러나 판세는 계산한 대로 돌아가지 않는다.

게다가 자신을 지켜보고 있는
가족의 시선은 이성을 잃게 할 확률이 아주 높다.

여기서 손해를 본다면 집이 날아가고,
가족은 흩어지고, 못 갚은 사채 대신
장기를 팔게 될 수도 있다.

이젠 돌이킬 수 없다.
절체절명의 순간이다. 눈에 보이는 것이 없다.

목숨 걸린 돈에 손대지 마라.
주식은 도박이 아니다.

# 28
## 무릎에 사서 어깨에 팔아라

아주 유명한 격언이다.

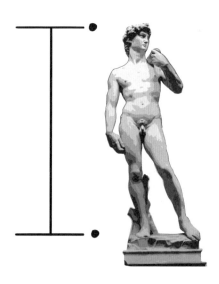

누구나 발바닥에서 매수하고
머리 꼭대기에서 매도해
최대의 수익을 올리고자 한다.

그러나 발바닥과 머리 꼭대기가
어디인지 언제인지 알 수 없다.
이걸 알면 신보다 한 수 위다.

좀 더 내리면 사야지 하고 기다리다가
값이 올랐다고 사지 않는다.

운 좋게 바닥에서 사고
계속 오를 것처럼 보여 팔지 않다가
천정을 놓쳐버린다.

주가가 완전히 바닥을 치고
돌아선 것을 확인한 다음에 사고(무릎)
크게 올라 천정을 치고 내리기 시작할 때
과감하게 팔아야 한다(어깨).

흥! 그걸 알았으면
내 꼴이 이렇겠어?

김치냉장고

혹, 운 좋게 발바닥에 사서
머리 꼭대기에 팔았다 치자.

이것은 빨리 잊어라.

그런 요행을 계속 바라고 투자한다면
결국 큰 손해를 보고
주식시장을 떠나게 될 것이다.

## 밀짚모자는 겨울에 사라

투자자들의 관심 밖에 방치되어 있는 종목을
미리 사놓고 기다리는 방법이다.
계절주도 같은 종류이다.

가장 쉽고 크게 벌 수 있는 투자방법이다.

허나 대부분의 투자자들은
인기주만 따라 다닌다.
그래서 밀짚모자는 매력 있다.

## 바닥이 보이는 살얼음판을 건너라

초봄이다. 추위는 가고
샛강의 얼음이 얇아질 때이다.

강바닥이 보이면 얼음이 깨져도
발목이나 무릎까지밖에 물에 젖지 않는다.
죽지 않는다.

주도주를 중심으로
확실한 지지대가 확인되면
약간의 손실을 감수하더라도
과감히 매수해볼 필요가 있다.

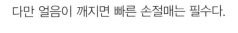

다만 얼음이 깨지면 빠른 손절매는 필수다.

# 29

# 바퀴벌레 한 마리를 조심하라

대표적인 기업의 실적 발표는
해당 업종의 단기 전망과 직결되는 경우가 많다.

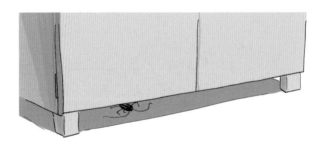

대표 기업의 부도나 외부감사, 회계법인의
부정적 감사 의견, 대주주의 모럴 해저드 등이
문제가 되면 시장에 악영향을 끼친다.

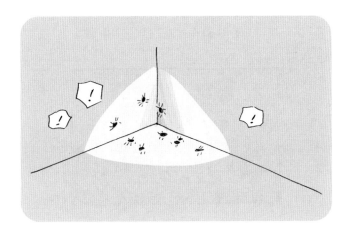

기업의 호재나 악재가 동종업체 또는
시장 전반에 미치는 영향에 촉각을 세우자.

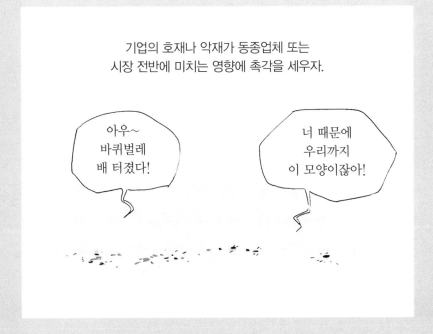

## 바닥은 깊고 천정은 얕다

주식 시세의 일반적인 패턴이다.
바닥 기간이 길고 상승 기간은 매우 짧다.

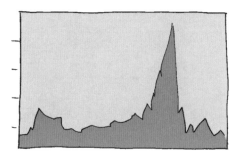

주가가 급등하는 천정권의 시세는
짧은 기간이고 그 후 또다시 기나긴
하락 기간으로 들어가는 것이 일반적이다.

천정권에 머무는 시간이 짧기 때문에
머뭇거리다가 팔 기회를 놓치지 말라는 격언이다.

꽃이 다 져버렸다!

## 반락이 얕으면 큰 시세가 온다

시세는 수요와 공급에 의해서 결정된다.

이거 살래?                     안 사.

싸게 줄게.

필요 없다니까!

반값도 싫어?

반값이면…
살까?

가만 생각해보니
내가 갖는 게 좋겠어.

살게!
산다니까!

그러면
원가 다 내놔.

끄응~

허나 공급보다는 수요의 크기 여하에 따라
시세가 만들어진다. 경매시장과 같다.

조정 국면에서 오르던 주가가
내려가는 골이 얕으면
대기 매수세가 강하다는 증거이다.

반대로 크게 올랐다가
급격히 떨어지는 골이 깊으면
매수세가 약하다는 증거이므로
반등시세는 기대하기 어렵다.

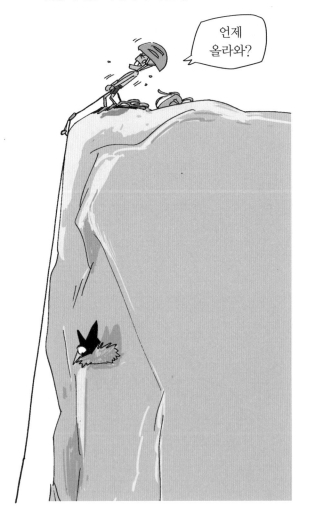

# 30
# 사슴을 쫓을 때 토끼는 보지 마라

큰 시세를 두고 작은 시세에 눈 돌리지 마라.
큰 차익이 예상되는 시점에서
매수를 주저해 기회를 놓치거나
끈기를 가지고 버텨야 할 시점에서
주변의 작은 시세에 현혹돼 갈아탔다가
고전하는 경우가 많다.

## 소문에 사고 뉴스에 팔아라

유명한 격언이다.
재료의 소문이 돌기 시작하면
이미 주가에 반영되었다고 보면 맞다.

공식적으로 발표가 되면 재료로서의 역할은 없어지고
주가는 오히려 하락하는 경우가 많다.

## 손절매 잘하는 사람이 주식 9단

사는 것보다 파는 것이 어렵다.

이러다가 세월 다 간다.

주식투자의 타짜들도
마냥 투자에 성공하는 것이 아니다.

그러나 이 바닥에서 타짜로 공인받고 살아남은 이유는
실패에 대한 대처방법이 확실하기 때문이다.

잘못된 투자인 줄 알면서도 묶어놓고 있으면
새로운 투자 기회도 사라진다.

주식투자에서 중요한 것은
수익의 극대화보다는 손실의 최소화다.

# 31
## 손해 보고 있는 종목부터 팔아라

초보 투자자들은 이익 나는 종목을
못 팔아서 안달이다.

진득하지 못한 행동을 몇 번 하고 나면
손해 난 종목만 남아 있다.

상승세인 종목은 오르도록 놔두고
하락세의 종목부터 팔아라.
그러면 상승 종목만 남을 것이다.

이론은
간단한데…

## 수요와 공급은 시세를 결정한다

재료는 30%만 주가에 영향을 주고
나머지 70%는 수요와 공급이 주가를 결정한다.

풍부한 자금이 주식시장으로 몰려올 때는
어떠한 악재에도 주가는 오르고

증자 등으로 주식 물량이 과다한 상태에서는
어떠한 호재나 부양책에도 주가는 하락한다.

## 승부는 여유 있게 즐겨라

사냥한 음식을 혼자 다 먹으려고 하면
소화불량에 걸린다.

나머지를 다 먹기 위해서 목숨을 걸지 말라.

으르르르

싸움이 생기기 전에 빠져나오는 것이 좋다.
70%만 먹고 30%는 남겨둬라.
인생이 여유로워진다.

10% 미만의 승률에 집착하지 마라.
사자 꼴 동네 강아지 된다.

## 미남 주식을 찾아라

미남 주식은 건강하고 사람을 끌어당기는
매력과 인기가 있는 주식을 말한다.

주식투자는 미남을 잘 선택해야 한다.

그 미남은 그 시대에 잘 맞아야 한다.

미남이 아닌 주식은 인기를 얻지 못한다.

오를 것이라고 산 미남 주식이
좀처럼 오르지 않는 이유는
대중이 미남이라고 생각하는 주식이
아니기 때문이다.

천정에 산 경우를 제외하고
미남 주식은 기세 좋게 쭉쭉 올라간다.

# 32
## 시작은 소녀처럼 마무리는 번개처럼

나아~
그래서~

그래서 어째?
빨리 말해봐.

저기이~

어휴 답답해.
뭘 원하는건데?

오이 하나 하고…
쓴 것 아니죠오?

두부 하나 하고…
퍽퍽하면 어쩌지?

가게 문 닫을
시간인데…

주식을 살 때는 소녀처럼
천천히 고른 뒤 분할 매수하고

매수한 주식을 팔아야겠다 싶으면
앞뒤 재지 말고 손 털어라.

## 실패에 교훈이 있다

성공한 전업투자가들은 많지 않다.

당신 지금 야동 보는 거지?
당신들 우리만큼 일해?
불로소득 아냐?

무슨 소리!
머리가 터지도록
공부하는데!

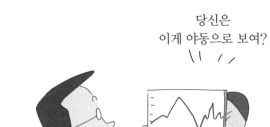

주식투자 실패는 도사들도 다반사로 겪는 일이다.
그런데 어떻게 그들은 억만장자가 되었을까?

실패했을 때 포기하지 않고
그 실패에서 교훈을 찾았기 때문이다.

이런 자는 실패를 딛고 도사가 된다.

반면

이렇게 단념이 빠르고 성급한 자는

설사 주식투자에 몇 번 성공했다 해도
짧은 기간에 승부하는 경향이 많아서
본전도 건지기 어렵다.

실패의 쓰레기 밭도
잘 뒤지면 뭔가 보인다.

교훈을 찾아 노력하면
당신도 도사가 될 수 있다.

## 10%의 주가등락은 대세 전환이다

주식투자는 시세의 큰 흐름에
편승하는 것이 기본이다.

주가가 바닥에서 10% 정도 오르면
대세 상승 전환인 경우가 많고

최고가에서 10% 정도 하락하면
대세 하락 전환인 경우가 많다.

대세를 파악해서
들어가고 나오는 것이 어렵지만
대세 전환을 기계적으로
파악하는 방법이 이것이다.

# 33

## 안 될 때는 잘되는 사람을 따라 해라

만화가 이현세 씨가 한창 날리던 시절
이런 B급 작가가 많았다.

이런 작가는 당연히 작가로서 대우받지 못했다.
허나 주식투자는 다르다.

고전할 때는 쉬어 가거나
주식 도사의 매매 방법을
모방하는 것도 한 방법이다.

주식 도사 1억 벌 때 6천만원 벌면 어떠랴.

주식투자에 성공하는 쉬운 방법의 하나이다.

## 오기는 파멸의 신

월가에도 "고집은 파멸의 근본"이라는
말이 있다. 시장을 거스르는 오기는
큰 손실로 이어진다는 말이다.
고집을 버리고 시장을 살피고
객관성을 유지해야 한다.

## 전부 다 버려라

주식 도사들은 어떻게 해서
억만장자가 되었을까?

주식 승부는 인생사의 치열한 드라마다.

워런 버핏 →

주식 도사들은

욕심을 버렸고

공포를 버렸고

미련을 버렸고

불안을 버렸고

초조를 버렸고

고정관념을 버렸고

흥분하지 않았다.

주식이라는 드라마에서
우뚝 서기 위해서는 많은 것을 버려야 한다.

# 34

# 재료 없는 시세가 큰 시세

"주가는 재료 안에 있다"라는 말처럼
재료는 큰 역할을 한다.

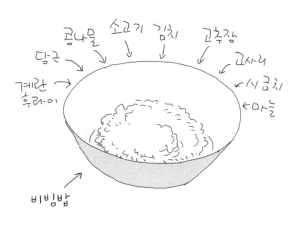

그러나 주가는 재료보다
수급이 결정적인 역할을 한다.

주식시장에서는 공급보다 수요가
절대적인 힘을 갖고 있다.

주식시장의 수요는
주식을 사려는 자금을 말한다.

수요가 늘면 공급이 줄고

수요가 줄면 공급이 늘어난다.

주식시장으로 자금이 쏟아져 들어오면
주가는 재료 없이도 크게 오른다.

한정된 효과를 지닌 재료 시세보다는
자금에 의해서 움직이는 시세가
훨씬 크고 오래간다.

## 전략 없는 곳에 승리 없다

증시는 전쟁터이다.

전쟁(증시)에서 단순히 무기(자금)가 많다고
이기는 것은 아니다.

제한된 자금으로 효과적인
전략이 있어야 한다.

## 젊은 시세는 무조건 사라

주식은 현재 오르고 있는 주식이
가장 오를 가능성이 높은 주식이다.

갑자기 오르는 주식에 대한 불확실성과
지속성에 대한 의심으로 일반 투자가들은
이런 주식을 사는 데 주저한다.

그러나 주가가 오르는 데는
반드시 이유가 있다.

주가가 안정권에 있으면서
시세가 젊다(상승추세의 초기국면)고 판단되면
과감하게 투자하라.

## "조금만 더 조금만 더"는 손실로 가는 길

주식투자는 목표 수익을 정해서
투자하는 것이 정석이다.
목표 수익에 도달했을 때는
냉철하게 차익을 실현하고 현금화하라.

그러나 욕심이 지나쳐서
조금만 더 조금만 더, 하다가
매도 시기를 놓치면
결국 손해를 보고 팔게 된다.

손절매도 마찬가지다.

머뭇거리다가 손실은 더 커진다.
'조금만 더'는 콩나물 살 때나 쓰는 말이다.

# 35
# 99번의 성공보다 1번의 실패가 무섭다

# 기다리는 봄은 오지 않는다

저점 매수 타이밍을 기다리지만
누구나 같은 생각을 하고 있으므로
기회를 잡기가 어렵다.
너무 기다리다 상승 장세를 놓치고
오히려 상투 무렵에 뛰어드는 경우가 많다.

# 36
# 주식과 결혼하지 마라

여보세요,
잠깐 할 얘기가
있어요!

자기가 가진 주식에
지나친 애정을 가지고 장기간 보유하면
매도할 기회를 놓쳐버린다.
손해를 보고 있는 주식을 잡고
장시간 버티다가는 손실만 늘어날 뿐이다.

적당히 사귀고(차익 실현)
헤어질 줄 알아야 한다.

## 확신이 생기면 과감하게 투자하라

확신이 들면 가격에 구애받지 마라.
질러라.

지나치게 신중하면
큰돈 못 번다.

## 하루 이틀의 잔파도는 타지 마라

하루하루의 주가 등락은
거의 100% 우연성에 의해 결정되기 때문에
그것을 예측하고 매매에 성공하는 것은
거의 불가능하다. 1일, 2일, 3일 단위의
초단기 매매는 손실만 쌓아간다.

○○ 씨의 단타 솜씨는
증권투자가들도 혀를 내두를 정도다.
부럽다고 흉내 낼 수도 없다.
하웅만의 '촉'이 있는 것이다.

＊ 3천만 원 프로젝트에서 ○○씨는 수익율 167%를 기록했다.

## 하루 종일 시세판을 보고 있어도 돈을 볼 수 없다

주식 매매를 시작하면
주가 변화가 궁금해서
시세에 매달리게 된다.

그러나 시세를 잘 알아도
투자의 성공에는 도움이 되지 않는다.

시세 분위기에 휩쓸려 뇌동매매를 하게 되므로
가급적 시세판을 보지 않는 것이 좋다.

## 1. 증권계좌는 어디서 어떻게 개설하나요?

– 전에는 증권사 지점이나 은행 창구를 방문해야 하는 번거로움이 있었습니다. 하지만 최근 스마트폰을 통해 계좌 개설이 가능해져, 전 집에서 간편하게 계좌 개설을 했습니다. 신분증(주민등록증, 운전면허증)과 스마트폰, 이용 중인 은행의 보안카드/OTP만 갖고 있으면 3~5분이면 쉽게 개설 가능합니다. 선택한 증권사의 애플리케이션을 스마트폰에 설치하고 실행한 다음, 안내에 따라 진행하면 손쉽게 증권사 계좌를 개설할 수 있습니다.

## 2. 투자는 어떻게, 얼마 정도면 할 수 있나요?

– 투자는 본인이 투자할 수 있는 금액 안에서 원하는 만큼 할 수 있습니다. 1주 이상 투자를 할 수 있는데, 1주의 금액은 몇 십 원에서 수백만 원까지 천차만별입니다. 그러므로 자신이 투자 가능한 금액을 개설한 증권계좌에 입금하고 투자를 하면 됩니다.

투자는 스마트폰이나 PC에 거래 시스템을 설치하여 직접 거래할 수 있고, 증권사에 전화하여 거래하는 방법도 있습니다. 또한, 투자에 도움이 필요하다면 증권사 영업점을 방문하여 PB와 상담을 통해 주문하거나, 증권사에서 운영하는 투자상담센터를 이용하여 전화 상담하는 방법도 있으니 원하는 방법으로 매매하시면 됩니다. 단, 주식투자는 기업의 가치를 사고파는 일이고 투자 위험도 발생할 수 있으니 주의를 기울여서 매매했으면 합니다.

## 3. 어떤 증권사가 좋은가요? 그리고 수수료와 세금이 발생한다는데 얼마나 되나요?

– 어려운 질문입니다. 개인적인 생각에 대형 증권사들은 대체로 무난하지 않을까 생각되네요. 저는 ○○증권에서 도움을 많이 받아 ○○증권을 통해 거래하고 있습니다. 투자 초보자인 제가 스마트폰이라는 낯

선 환경에서도 어렵지 않게 이용할 수 있어서 마음에 듭니다. 제가 다른 회사와 거래를 해본 적이 없고, 회사마다 장·단점이 있을 테니 꼭 꼼꼼하게 비교해보길 권합니다.

수수료는 위탁수수료와 증권거래세, 그리고 유관기관수수료가 있습니다. 주식을 매수할 때에는 위탁수수료와 유관기관수수료, 매도할 때에는 매수할 때 부과되는 수수료에 증권거래세가 추가됩니다. 거래세는 세금으로, 어떤 증권사에서 거래하든 동일하게 0.3%가 부과되지만, 거래 금액의 약 0~0.5% 발생하는 위탁수수료와 약 0.004~0.006%의 유관기관수수료는 회사마다 조금씩 차이가 있습니다. 정확한 수수료는 거래하고자 하는 증권사 홈페이지를 확인해주세요.

## 4. 주식투자로 돈을 벌면 입출금은 어떻게 하나요?

- 주식 매도 주문이 체결되면, 매도한 날의 이틀 후(D+2)에 주식계좌로 돈이 입금됩니다. 입금된 돈은 은행계좌에서의 입출금과 마찬가지로 원하는 다른 금융사 계좌로 자유롭게 이체할 수 있고, 입출금카드를 발급받은 경우에는 ATM기를 이용해서 바로 출금할 수도 있습니다.

## 5. 온라인으로 직접투자를 하고 싶은데 어떻게 하면 되나요?

- 온라인으로 주식투자를 하는 방법은 크게 두 가지가 있습니다. PC나 노트북과 같은 컴퓨터를 이용하여 HTS(홈트레이딩시스템)을 설치하거나 WTS(증권사 홈페이지)에서 직접 매매를 하는 방법과 가지고 계신 스마트폰/태블릿에 MTS(모바일 트레이딩 시스템)앱을 설치하여 거래하는 방법입니다.

HTS/WTS는 컴퓨터가 이용 가능하다면 큰 화면에서 많은 정보를 보면서 거래가 가능한 장점이 있고, MTS의 경우는 시간과 장소에 구애받지 않고 거래가 가능하다는 장점이 있으니 상황에 맞게 이용하시면 됩니다.

## 허영만이 읽은 주식에 관한 책

《전설로 떠나는 월가의 영웅》
《인생을 바꾸는 투자의 기술》
《시장의 마법사들》
《소설로 배우는 주식투자》
《세계의 주식 부자들》
《작지만 강한 기업에 투자하라》
《왜 채권쟁이들이 주식으로 돈을 잘 벌까?》
《한국형 가치투자 전략》
《주식투자 궁금증 300문 300답》
《Value Timer의 전략적 가치투자》
《VALUE INVESTING: 가치투자》
《세계로 TV의 신가치투자로 돈 번 사람들》
《열정: 가치투자 10년의 기록》
《주식 격언으로 돈 버는 주식투자기술》
《진짜 돈 버는 대한민국 고수분석》
《한국의 주식고수들》
《한국의 슈퍼개미들》
《월스트리트의 주식투자 바이블》
《주식, 농부처럼 투자하라》
《슈퍼개미 박성득의 주식투자 교과서》
《주식투자자의 시선》
《애야, 너는 기업의 주인이다》
《워렌 버핏의 주식투자 콘서트》
《안전한 자본시장 이용법》
《고레카와 긴조: 일본 주식시장의 신》
《주식투자자라면 놓치지 말아야 할 주식 명저 15》
《주식시장 흐름 읽는 법》

《돈을 이기는 법》
《삼원금천비록》
《환율전쟁》
《현명한 투자자》
《증권 반세기》
《돈, 일하게 하라》
《가치투자의 비밀》
《거래의 신, 혼마》
《타이밍의 승부사》

알면 대박 모르면 쪽박

# 허영만의 주식투자 36계

**초판 4쇄 발행**　2021년 7월 1일

**글·그림**　허영만

**펴낸이**　신민식
**펴낸곳**　가디언
**출판등록**　제2010−000113호(2010.4.15)
**주 소**　서울시 마포구 토정로 222 한국출판콘텐츠센터 306호
**전 화**　02−332−4103
**팩 스**　02−332−4111
**이메일**　gadian@gadianbooks.com
**홈페이지**　www.sirubooks.com

ISBN 979-11-89159-60-3 (15320)
값 12,000원